Mi libro de
la misa

MY OWN MASS BOOKLET

Nombre
Name

Mi primera celebración del sacramento de la Eucaristía:

My first celebration of the Sacrament of the Eucharist:

Fecha
Date

Parroquia
Parish

Ciudad
City

Estado
State

Celebro el día del Señor

Santifico el día del Señor. Me reúno con la familia de Dios al celebrar la misa. También descanso del trabajo, paso tiempo con mi familia y ayudo a los demás.

Este es un retrato mío celebrando el día del Señor.

I Celebrate the Lord's Day

I keep the Lord's Day holy. I gather with God's family at Mass. I also rest from work, spend time with my family, and help others.

This is a picture of me celebrating the Lord's Day.

Puedo ir a misa el sábado por la tarde o el domingo.

Estas son algunas de las personas de mi parroquia a quienes veo durante la misa.

Escribe el nombre de las personas que ves en la iglesia.

Write the names of people you see at church.

_____

_____

_____

_____

I can go to Mass on Saturday evening or on Sunday.

These are some of the people from my parish whom I see at Mass.

Celebramos la misa

Ritos iniciales

Nos reunimos en la presencia de Dios.

Procesión de entrada

El sacerdote, diácono, ministros y monaguillos procesan hasta el altar. Nos ponemos de pie y cantamos un himno de alabanza a Dios.

We Celebrate Mass

Introductory Rites

We gather in God's presence.

Entrance Chant

The priest, deacon, ministers, and servers process to the altar. We stand and sing a song praising God.

Saludo

El sacerdote saluda a los ahí reunidos.

Sacerdote: En el nombre del Padre, y del Hijo y del Espíritu Santo.

Pueblo: Amén.

Sacerdote: La gracia de nuestro Señor Jesucristo, el amor del Padre y la comunión del Espíritu Santo estén con todos ustedes.

Pueblo: Y con tu espíritu.

Greeting

The priest greets all who are gather[ed]

Priest: In the name of the Father, and [of] the Son, and of the Holy Spirit.

People: Amen.

Priest: The grace of our Lord Jesus Christ,
and the love of God,
and the communion of the Holy Spirit
be with you all.

People: And with your spirit.

Acto Penitencial

Admitimos que hemos pecado. Le pedimos a Dios que nos perdone. Oramos juntos.

Yo confieso ante Dios todopoderoso
y ante ustedes, hermanos,
que he pecado mucho
de pensamiento, palabra, obra y omisión.
Por mi culpa, por mi culpa, por mi gran culpa.
Por eso ruego a santa María, siempre Virgen,
a los ángeles, a los santos
y a ustedes, hermanos,
que intercedan por mí ante Dios,
nuestro Señor.

Señor, ten piedad.

Penitential Act

We admit that we have sinned. We ask God for mercy. We pray together.

I confess to almighty God
and to you, my brothers and sisters,
that I have greatly sinned,
in my thoughts and in my words,
in what I have done and in what I have failed
*   to do;*

Then, we strike our breast and say:

through my fault, through my fault,
through my most grievous fault;
therefore I ask blessed Mary ever-Virgin,
all the Angels and Saints,
and you, my brothers and sisters,
to pray for me to the Lord our God.

lord, have mercy.

Kýrie (Señor, ten piedad)

Sacerdote: Señor, ten piedad.

Pueblo: Señor, ten piedad.

Sacerdote: Cristo, ten piedad.

Pueblo: Cristo, ten piedad.

Sacerdote: Señor, ten piedad.

Pueblo: Señor, ten piedad.

Sacerdote: Dios todopoderoso, tenga misericordia de nosotros, perdone nuestros pecados y nos lleve a la vida eterna.

Pueblo: Amén.

Cristo, ten piedad.

Kyrie (Lord Have Mercy)

Priest: Lord, have mercy.

People: Lord, have mercy.

Priest: Christ, have mercy.

People: Christ, have mercy.

Priest: Lord, have mercy.

People: Lord, have mercy.

Priest: May almighty God have mercy on us, forgive us our sins, and bring us to everlasting life.

People: Amen.

Christ, have mercy.

Gloria

Alabamos a Dios con estas palabras.

Gloria a Dios en el cielo,
y en la tierra paz a los hombres
que ama el Señor.
Por tu inmensa gloria
te alabamos, te bendecimos,
te adoramos, te glorificamos,
te damos gracias,
Señor Dios, Rey celestial,
Dios Padre todopoderoso.
Señor, Hijo único, Jesucristo.
Señor Dios, Cordero de Dios,
Hijo del Padre;
tú que quitas el pecado del mundo,
ten piedad de nosotros;
tú que quitas el pecado del mundo,
atiende nuestra súplica;
tú que estás sentado a la derecha del Padre,
ten piedad de nosotros;

Ayúdame a colorear esta página.

Gloria

We sing praise to God in these words.

Glory to God in the highest,
and on earth peace to people of good will.

We praise you,
we bless you,
we adore you,
we glorify you,
we give you thanks for your great glory,
Lord God, heavenly King,
O God, almighty Father.

Lord Jesus Christ, Only Begotten Son,
Lord God, Lamb of God, Son of the Father,
you take away the sins of the world,
   have mercy on us;

Help me color this page.

8

porque sólo tú eres Santo,
sólo tú Señor,
sólo tú Altísimo, Jesucristo,
con el Espíritu Santo
en la gloria de Dios Padre.
Amén.

Oración colecta

El sacerdote nos invita a orar.
Respondemos:

Ayúdame
a trazar
estas letras.

you take away the sins of the world,
receive our prayer;
you are seated at the right hand of the Father,
have mercy on us.

For you alone are the Holy One,
you alone are the Lord,
you alone are the Most High,
Jesus Christ,
with the Holy Spirit,
in the glory of God the Father.
Amen.

Collect Prayer

The priest invites us to pray.
We respond:

Help me trace
these letters.

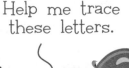

AMEN.

Liturgia de la Palabra

Nos sentamos y escuchamos la palabra de Dios.

Primera Lectura

El lector proclama la Primera Lectura, tomada usualmente del Antiguo Testamento y algunas veces de los Hechos de los Apóstoles.

Honramos la Palabra de Dios mediante nuestra respuesta al final de la lectura.

Lector: Palabra de Dios.

Pueblo: Te alabamos, Señor.

Liturgy of the Word

We sit and listen to God's Word.

First Reading

The lector proclaims the first reading. It's usually from the Old Testament. Sometimes it's from the Acts of the Apostles.

We honor God's Word by our response at the end of the reading.

Lector: The Word of the Lord.

People: Thanks be to God.

Salmo Responsorial

El salmista canta los versos del salmo. Todos cantamos el estribillo.

Segunda Lectura

El lector proclama la lectura tomada de uno de los libros del Nuevo Testamento, pero no del Evangelio.

Al terminar la lectura, dice:

Lector: Palabra de Dios.

Pueblo: Te alabamos, Señor.

Responsorial Psalm

The leader of song sings the verses of the psalm. We all sing the refrain.

Second Reading

The lector reads from one of the books in the New Testament that is not a Gospel.

At the end of this reading, he says:

Lector: The Word of the Lord.

People: Thanks be to God.

Evangelio

Nos ponemos de pie y cantamos la Aclamación antes del Evangelio, un Aleluya u otras palabras de alabanza.

Sacerdote o diácono: El Señor esté con ustedes.

Pueblo: Y con tu espíritu.

Sacerdote o diácono: Proclamación del santo Evangelio según san (Mateo, Marcos, Lucas o Juan).

Pueblo: Gloria a ti, Señor.

Trazamos la señal de la cruz sobre nuestra frente, labios y corazón. Le pido a Dios que su palabra esté en mi mente, mis labios y mi corazón.

Ayúdame a trazar las cruces.

Gospel

We stand and sing the Gospel Acclamation, an Alleluia, or other words of praise.

Priest or deacon: The Lord be with you.

People: And with your spirit.

Priest or deacon: A reading from the holy Gospel according to (Matthew, Mark, Luke, or John).

People: Glory to you, O Lord.

We trace a cross on our foreheads, lips, and hearts. I pray that God's Word will be in my mind, on my lips, and in my heart.

Help me trace the crosses.

12

El sacerdote o diácono proclama
el Evangelio.

Al concluir la proclamación, dice:

Sacerdote o diácono: Palabra del Señor.

Respondemos:

Pueblo: Gloria a ti, Señor Jesús.

La homilía

Escuchamos la homilía. Las palabras
del sacerdote o diácono nos ayudan a
entender las lecturas y a vivir lo que
hemos escuchado.

The priest or deacon proclaims the Gospel.

Then he prays:

Priest or deacon: The Gospel of the Lord.

We respond:

People: Praise to you, Lord Jesus Christ.

Homily

We listen to the homily. The priest or deacon helps us understand the readings. He tells us how to live what we have heard.

Profesión de fe

Nos ponemos de pie y recitamos el Credo.

Creo en un solo Dios,
Padre todopoderoso,
Creador del cielo y de la tierra,
de todo lo visible y lo invisible.

Creo en un solo Señor, Jesucristo, Hijo único de Dios,
nacido del Padre antes de todos los siglos:
Dios de Dios, Luz de Luz,
Dios verdadero de Dios verdadero,
engendrado, no creado,
de la misma naturaleza del Padre,
por quien todo fue hecho;
que por nosotros, los hombres,
y por nuestra salvación bajó del cielo,
y por obra del Espíritu Santo
se encarnó de María, la Virgen, y se hizo hombre;

Profession of Faith

We stand and pray the Creed.

I believe in one God,
the Father almighty,
maker of heaven and earth,
of all things visible and invisible.

I believe in one Lord Jesus Christ,
the Only Begotten Son of God,
born of the Father before all ages.
God from God, Light from Light,
true God from true God,
begotten, not made, consubstantial with
the Father;
through him all things were made.
For us men and for our salvation
he came down from heaven,
and by the Holy Spirit was incarnate of the
Virgin Mary,
and became man.

y por nuestra causa fue crucificado
en tiempos de Poncio Pilato,
padeció y fue sepultado,
y resucitó al tercer día, según las Escrituras,
y subió al cielo, y está sentado a la derecha
del Padre;
y de nuevo vendrá con gloria
para juzgar a vivos y muertos,
y su reino no tendrá fin.

Creo en el Espíritu Santo, Señor y dador de vida,
que procede del Padre y del Hijo,
que con el Padre y el Hijo
recibe una misma adoración y gloria,
y que habló por los profetas.

Creo en la Iglesia,
que es una, santa, católica y apostólica.
Confieso que hay un solo bautismo
para el perdón de los pecados.
Espero la resurrección de los muertos
y la vida del mundo futuro.
Amén.

For our sake he was crucified under Pontius
    Pilate,
he suffered death and was buried,
and rose again on the third day
in accordance with the Scriptures.
He ascended into heaven
and is seated at the right hand of the Father.
He will come again in glory
to judge the living and the dead
and his kingdom will have no end.

I believe in the Holy Spirit, the Lord, the giver
    of life,
who proceeds from the Father and the Son,
who with the Father and the Son is adored
    and glorified,
who has spoken through the prophets.

I believe in one, holy, catholic and apostolic
    Church.
I confess one Baptism for the forgiveness
    of sins
and I look forward to the resurrection
    of the dead
and the life of the world to come. Amen.

Plegaria universal

Presentamos nuestras necesidades a Dios. Oramos por la Iglesia, por el mundo, por los necesitados y por nosotros mismos.

Después de cada petición, quien lee las oraciones, puede decir:

Roguemos al Señor.

Respondemos con estas u otras palabras:

Te lo pedimos, Señor.

Oraré por _____

_____

_____

_____

_____

_____

Prayer of the Faithful

We present our needs to God. We pray for the Church, for the world, for people in need, and for ourselves.

After each petition, the leader of prayer may say:

> We pray to the Lord.

We answer with these or similar words:

> Lord, hear our prayer.

I'll pray for _____

_____

_____

_____

_____

_____

_____

Liturgia Eucarística

Traemos nuestros dones al altar. Celebramos la presencia de Cristo en la Eucaristía. Recibimos el Cuerpo y la Sangre de Cristo en Santa Comunión.

Preparación de los Dones

Nos sentamos y cantamos un himno. En este momento, traemos al altar los dones del pan y el vino, pues el altar ya está preparado.

En la colecta damos dinero. Este dinero apoya la obra de la Iglesia y el servicio a las personas necesitadas. También podemos ofrecerle a Dios el tiempo y la ayuda que damos a los demás.

Liturgy of the Eucharist

We bring our gifts to the altar. We celebrate Christ's presence in the Eucharist. We receive the Body and Blood of Christ in Holy Communion.

Presentation and Preparation of the Gifts

We sit and sing a hymn. At this time, the gifts of bread and wine are brought to the altar. The altar is prepared.

We give money in the collection. The money supports the work of the Church. It helps people in need. We also give the time and help we've offered to others.

Le pedimos a Dios que acepte y bendiga nuestros dones. El sacerdote eleva el pan y dice la siguiente oración:

Sacerdote: Bendito seas, Señor, Dios
del universo,
por este pan,
fruto de la tierra y del trabajo
del hombre,
que recibimos de tu generosidad
y ahora te presentamos;
él será para nosotros
pan de vida.

Pueblo: Bendito seas por siempre, Señor.

Después, el sacerdote eleva el vino y ora.

Sacerdote: Bendito seas, Señor, Dios
del universo,
por este vino,
fruto de la vid y del trabajo
del hombre,
que recibimos de tu generosidad
y ahora te presentamos;
él será para nosotros bebida
de salvación.

Pueblo: Bendito seas por siempre, Señor.

We ask God to accept and bless our gifts.
The priest holds up the bread and prays.

Priest: Blessed are you, Lord God of
all creation,
for through your goodness
we have received
the bread we offer you:
fruit of the earth and work of
human hands,
it will become for us the
bread of life.

People: Blessed be God for ever.

Then he raises the wine and prays.

Priest: Blessed are you, Lord God of
all creation,
for through your goodness
we have received
the wine we offer you:
fruit of the vine and work of
human hands,
it will become our spiritual drink.

People: Blessed be God for ever.

Nos ponemos de pie mientras el sacerdote pronuncia la Oración sobre las Ofrendas. Le pide a Dios que acepte nuestro sacrificio.

Sacerdote: Oren, hermanos,
para que este sacrificio,
mío y de ustedes,
sea agradable a Dios,
Padre todopoderoso.

Pueblo: El Señor reciba de tus
manos, este sacrificio
para alabanza y gloria
de su nombre,
para nuestro bien,
y el de toda su santa Iglesia.

We stand as the priest prays over the gifts. He asks that God will accept our sacrifice.

Priest: Pray, brothers and sisters, that my sacrifice and yours may be acceptable to God, the almighty Father.

People: May the Lord accept the sacrifice at your hands for the praise and glory of his name, for our good and the good of all his holy Church.

Plegaria Eucarística

Dios nos da todo lo que es bueno. Damos gracias y alabamos a Dios en el **Prefacio.**

Sacerdote: El Señor esté con ustedes.

Pueblo: Y con tu Espíritu.

Sacerdote: Levantemos el corazón.

Pueblo: Lo tenemos levantado hacia el Señor.

Sacerdote: Demos gracias al Señor, nuestro Dios.

Pueblo: Es justo y necesario.

Dibuja aquí algunos de los dones de Dios.

Eucharistic Prayer

God gives us everything that is good. We thank and praise him in the **Preface.**

Priest: The Lord be with you.

People: And with your spirit.

Priest: Lift up your hearts.

People: We lift them up to the Lord.

Priest: Let us give thanks to the Lord our God.

People: It is right and just.

Draw some of God's gifts here.

El sacerdote continúa recitando palabras de alabanza y acción de gracias.

Después todos recitan o cantan el **Sanctus (Santo, Santo).**

Santo, Santo, Santo es el Señor,
Dios del universo.
Llenos están el cielo y la tierra de tu gloria.
Hosanna en el cielo.
Bendito el que viene en nombre del Señor.
Hosanna en el cielo.

The priest continues praying words of thanks and praise.

Then all sing or pray the
Holy, Holy, Holy.

Holy, Holy, Holy Lord God of hosts.
Heaven and earth are full of your glory.
Hosanna in the highest.
Blessed is he who comes in the name of the Lord.
Hosanna in the highest.

Nos arrodillamos y continuamos la Plegria Eucarística. Recordamos la Última Cena de Jesús. Recordamos su sacrificio en la cruz. Hacemos lo que Jesús nos enseñó.

Comienza la **Consagración.** El pan y el vino se convierten en el Cuerpo y la Sangre de Jesucristo. Mediante el poder del Espíritu Santo y las palabras y acciones del sacerdote, Cristo está presente con nosotros en la Eucaristía.

Ayúdame a embellecer este cáliz.

Help me make this chalice beautiful.

22

We kneel and continue praying the Eucharistic Prayer. We remember Jesus' Last Supper. We remember his sacrifice on the cross. We do as Jesus taught.

The **Consecration** begins. The bread and wine become the Body and Blood of Jesus Christ. Through the power of the Holy Spirit and the words and actions of the priest, Christ is present with us.

Recordamos todo lo que Jesús ha hecho para salvarnos. Cantamos o recitamos esta u otra **Aclamación memorial.**

Sacerdote: Este es el Sacramento de nuestra fe:

Pueblo: Anunciamos tu muerte, proclamamos tu resurrección, ¡Ven, Señor Jesús!

La Plegaria Eucarística concluye con la **Doxología final** y el **Gran Amén.**

Sacerdote: Por Cristo, con él y en él, a ti, Dios Padre omnipotente, en la unidad del Espíritu Santo, todo honor y toda gloria por los siglos de los siglos.

Pueblo:  Amén.

Ayúdame a colorear las letras.

We recall all Jesus has done to save us. We proclaim the **Mystery of Faith.**

Priest: The mystery of faith:

People: We proclaim your Death, O Lord, and profess your Resurrection until you come again.

The Eucharistic Prayer ends with a **Doxology** and an **Amen.**

Priest: Through him, and with him,
and in him,
O God, almighty Father,
in the unity of the Holy Spirit,
all glory and honor is yours,
for ever and ever.

People: Amen.

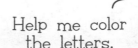

Help me color the letters.

Rito de la Comunión

Nos ponemos de pie mientras nos preparamos para recibir la Sagrada Comunión. Oramos juntos el **Padrenuestro** y la **doxología.**

Padre nuestro, que estás en el cielo,
santificado sea tu Nombre;
venga a nosotros tu reino;
hágase tu voluntad en la tierra como en el cielo.
Danos hoy nuestro pan de cada día;
perdona nuestras ofensas,
como también nosotros perdonamos
a los que nos ofenden;
no nos dejes caer en la tentación,
y líbranos del mal.

Communion Rite

We stand as we prepare for Holy Communion. Together we pray the **Lord's Prayer** and the **Doxology.**

Our Father, who art in heaven,
hallowed be thy name;
thy kingdom come,
thy will be done
on earth as it is in heaven.
Give us this day our daily bread,
and forgive us our trespasses,
as we forgive those who trespass against us;
and lead us not into temptation,
but deliver us from evil.

Sacerdote: Líbranos de todos los males, Señor; y concédenos la paz en nuestros días, para que, ayudados por tu misericordia, vivamos siempre libres de pecado y protegidos de toda perturbación, mientras esperamos la gloriosa venida de nuestro Salvador Jesucristo.

Pueblo: Tuyo es el reino, tuyo el poder y la gloria, por siempre, Señor.

Priest: Deliver us, Lord, we pray,
 from every evil,
graciously grant peace in our days,
that, by the help of your mercy,
we may be always free from sin
and safe from all distress,
as we await the blessed hope
and the coming of our Savior,
Jesus Christ.

People: For the kingdom,
the power and the glory are yours now
 and for ever.

En el **Rito de la Paz** el sacerdote pide a Dios que permanezcamos unidos en la paz de Cristo.

Sacerdote: La paz del Señor esté siempre con ustedes.

Pueblo: Y con tu espíritu.

Después, el sacerdote o diácono nos invita a ofrecer un signo de paz a quienes están cerca de nosotros.

Intercambiamos un saludo de paz.

Dibújate a ti mismo en la línea de puntos.

Draw yourself in the dotted lines.

La paz sea contigo.

Y con tu espíritu.

In the **Sign of Peace** the ⬛
that we will be united with on⬛
in Christ's peace.

Priest: The peace of the Lord be with you always.

People: And with your spirit.

Then the priest or deacon invites us to offer a sign of peace to those around us.

We exchange a greeting of peace.

ostia consagrada.

priest prays another

En este momento, todos cantamos o recitamos en voz alta el **Cordero de Dios.**

Cordero de Dios, que quitas el pecado del mundo:

    ten piedad de nosotros.

Cordero de Dios, que quitas el pecado del mundo:

    ten piedad de nosotros.

Cordero de Dios, que quitas el pecado del mundo:

    danos la paz.

The priest breaks the consecrated host.

At this time, we all sing or pray aloud
the **Lamb of God.**

*Lamb of God, you take away the sins of
the world,*

> *have mercy on us.*

*Lamb of God, you take away the sins of
the world,*

> *have mercy on us.*

*Lamb of God, you take away the sins of
the world,*

> *grant us peace.*

Durante la **Comunión** nos arrodillamos mientras nos preparamos a recibir la Sagrada Comunión. El sacerdote eleva la hostia y el cáliz. Oramos.

Sacerdote: Este es el Cordero de Dios
que quita el pecado
del mundo.
Dichosos los invitados
a la cena del Señor.

Pueblo: Señor, no soy digno
de que entres en mi casa,
pero una palabra tuya
bastará para sanarme.

El sacerdote comulga el Cuerpo y la Sangre de Cristo. Después da la comunión al diácono y a los ministros extraordinarios de la Sagrada Comunión.

During **Communion** we kneel as
we prepare to receive Holy Communion.
The priest raises the host and the chalice.
We pray.

Priest: Behold the Lamb of God,
           behold him who takes away the
               sins of the world.
           Blessed are those called to the
               supper of the Lamb.

People: Lord, I am not worthy
           that you should enter under my
               roof,
           but only say the word
           and my soul shall be healed.

The priest receives Holy Communion.
Then he offers the Body and Blood
of Christ to the deacon and the
extraordinary ministers of Holy
Communion.

Recibimos la Sagrada Comunión de manos del sacerdote, diácono o ministro extraordinario de la Sagrada Comunión.

Inclinamos nuestra cabeza en señal de reverencia. Recibimos el Cuerpo de Cristo—bajo la especie del pan—en nuestra mano o en la lengua.

Sacerdote: El Cuerpo de Cristo.

Pueblo: Amén.

Inclinamos nuestra cabeza en señal de reverencia. Recibimos la Sangre de Cristo—bajo la especie del vino—.

Sacerdote: La Sangre de Cristo.

Pueblo: Amén.

We receive Holy Communion from a priest, a deacon, or an extraordinary minister of Holy Communion.

We bow in reverence. We receive the Body of Christ—under the form of bread—in our hands or on our tongue.

Priest: The Body of Christ.

People: Amen.

We bow in reverence. We receive the Blood of Christ under the form of wine.

Priest: The Blood of Christ.

People: Amen.

Regresamos a nuestro lugar y oramos en silencio, dándole gracias a Jesús por el regalo de sí mismo en la Eucaristía.

Luego de un momento de silencio, el sacerdote nos invita a ponernos de pie. Guía a la asamblea en la **Oración después de la Comunión.** Le pide a Dios que nos ayude a vivir como seguidores de Jesús. Respondemos:

AMÉN.

We return to our places and pray quietly. We thank Jesus for the gift of himself in the Eucharist.

We take some time to pray silently. Then the priest invites us to stand. He leads the **Prayer after Communion.** He asks God to help us live as followers of Jesus. We answer:

Rito de conclusión

Continuamos de pie mientras el sacerdote nos saluda y bendice.

Sacerdote: El Señor esté con ustedes.

Pueblo: Y con tu espíritu.

Sacerdote: La bendición de Dios todopoderoso, Padre, Hijo y Espíritu Santo, descienda sobre ustedes.

Pueblo: Amén.

Concluding Rites

Final Blessing

We continue standing as the priest blesses us.

Priest: The Lord be with you.

People: And with your spirit.

Priest: May almighty God bless you, the Father, and the Son, and the Holy Spirit.

People: Amen.

Despedida

Al concluir la celebración de la misa somos enviados a llevar la paz y el amor de Dios a nuestro hogar, nuestra escuela, nuestro trabajo y al mundo entero.

Sacerdote o diácono: Pueden ir en paz.

Pueblo: Demos gracias a Dios.

Ayúdame a colorear estas páginas.

Cantamos alegremente el canto de despedida. Nos retiramos de la iglesia contentos de vivir como seguidores de Jesús.

Dismissal

As Mass ends, we are sent to glorify the Lord in our lives at home, at work, and in the world.

Priest or deacon: Go in peace, glorifying the Lord by your life.

People: Thanks be to God.

We sing a joyful closing hymn. Then we leave church happy to live as followers of Jesus.

Help me color these pages.

Oración

Gracias, Dios mío,

por darme el sacramento de la Eucaristía

como señal de tu amor y presencia

en mi vida.

Prayer

Thank you, God,

for giving me the Sacrament of Eucharist

as a sign of your love and presence

in my life.